LA CONFÉRENCE INTERNATIONALE

DE BRUXELLES

SUR LES

LOIS ET COUTUMES DE LA GUERRE

PAR M. CHARLES LUCAS

MEMBRE DE L'INSTITUT DE FRANCE.

(Académie des sciences morales et politiques).

TROISIÈME TIRAGE

Revu et augmenté.

> L'Europe a sous la main un levier dont elle ne paraît pas calculer toute la puissance quand il s'appuie sur la science et l'opinion libérale dans le monde civilisé; ce levier, c'est la diplomatie.
>
> (Mémoire à l'Académie des sciences morales et politiques, t. XCIX^{e}, p. 158 du compte-rendu).

PARIS

A. DURAND & PEDONE-LAURIEL, 9, RUE CUJAS.

GUILLAUMIN & Cie, 14, RUE DE RICHELIEU.

24 SEPTEMBRE 1874

TABLE DES MATIÈRES.

AVANT-PROPOS.

Je dois présenter une considération qui intéresse ma responsabilité morale comme auteur de cet écrit.

Le langage du moraliste doit être avant la guerre celui de la conciliation; après la guerre celui de l'apaisement, et il faut donc qu'il évite les récriminations qui seraient de nature à surexciter les haines internationales.

Mais il a aussi une mission d'examen critique afin de retirer du passé la leçon salutaire qu'on en doit recueillir. Ecarter les récriminations, ce n'est pas supprimer l'histoire et annuler les faits dans lesquels la morale a besoin de puiser les enseignements qu'elle doit donner au présent et léguer à l'avenir.

Ce serait de la part du moraliste trahir sa noble mission, que de paraître par un coupable silence absoudre et consacrer même les abus qu'il n'aurait pas compris dans l'exposé de ses critiques, et dans l'énumération des moyens illicites dont l'emploi doit être interdit.

Il faut remarquer encore que le moraliste ne parle pas devant l'opinion publique comme l'homme d'État devant une conférence diplomatique. L'intérêt de la vérité morale et historique l'oblige à dire dans une certaine mesure précisément ce que l'homme d'État peut être tenu de taire. C'est ainsi qu'on arrive à donner satisfaction à la fois aux légitimes revendications de la conscience publique et aux prudentes réserves imposées à la circonspection diplomatique.

Voilà comment j'ai compris dans cet écrit mon devoir de moraliste et comment je pense l'y avoir consciencieusement rempli.

Un mot encore :

Les réformes suivent dans leur développement le progrès des mœurs et celui de la raison publique. Il n'y avait aucun nom pour désigner la réforme progressive relative à la guerre, lorsque la nécessité de lui en trouver un m'a suggéré celui de *Civilisation de la guerre.* Cette désignation me semble de jour en jour mieux accueillie : on peut lui en donner une meilleure, mais il ne faudrait pas au moins lui ôter celle-là, sans lui en substituer une autre.

La Rongère, près Bourges (Cher), 29 juillet 1874.

AVANT-PROPOS DU DEUXIÈME TIRAGE.

Je commencerai l'avant-propos de ce second tirage en insistant sur une considération qui terminait celui du premier, je veux parler de la nécessité de donner à la réforme relative à la guerre le nom qui définitivement doit lui appartenir. C'est à la Conférence de Bruxelles qu'il conviendrait de le désigner, ainsi que je l'ai exprimé dans une lettre adressée à l'éminent homme d'État qui a été appelé à l'honneur de présider cette Conférence, lettre qu'on trouvera à la fin de ce second tirage. En attendant, je ne puis que persévérer à appeler cette réforme celle de *la civilisation de la guerre,* puisque je n'aperçois pas d'autre nom qui paraisse mieux lui convenir.

Civiliser la guerre, ce n'est pas la régulariser, car la régularisation n'indiquerait pas sa moralisation. Ce serait toujours mettre et traiter sur le même pied l'envahisseur et l'envahi, et exprimer seulement des procédés plus corrects dans la forme, mais au fond la même négation du droit. Il importe que le mot appelé à désigner la réforme implique à la fois la désapprobation de la guerre illégitime et la nécessité morale de ramener la guerre au seul cas de sa légitimité, sans lui laisser dans ce cas même le choix illimité des moyens.

Le nom de *civilisation de la guerre* me semble répondre à toutes ces exigences.

Les dispositions que le premier tirage de ce petit écrit proposait d'introduire dans le projet du gouvernement russe considéré comme point de départ d'un Code international, n'étaient qu'au nombre de sept. On verra dans ce second tirage qu'elles s'élèvent à celui de douze.

La premiere est une déclaration énontiative et motivée du mal de la guerre ; les articles II et III concernent les deux principes fondamentaux de la civilisation de la guerre ; les sept suivants, sans embrasser tous les principes généraux qui découlent des deux précédents, indiquent seulement les plus importants ; enfin les deux derniers articles sont la sanction du principe qui prescrit le recours à l'arbitrage, et de celui qui oblige chaque État à respecter les règles établies par la convention internationale à laquelle il a pris part.

L'adoption seule des trois articles II, III et XI par la Conférence de Bruxelles serait un immense progrès et un immense bienfait, qui lui mériteraient l'éternel honneur d'avoir posé les premières assises de l'ère nouvelle du droit des gens à cet égard.

En ce qui concerne la médiation et l'arbitrage international, la Conférence ne ferait du reste qu'affermir et élargir la déclaration dont la diplomatie avait prit la glorieuse initiative dans le protocole du 14 avril 1856, et dont elle n'a pas su avec persévérance exiger l'exécution, au grand regret du monde civilisé qui lui reproche cette défaillance dont elle supportera la responsabilité morale devant l'histoire.

Enfin j'ai compris en grande partie, dans ce second tirage, les explications dont j'ai cru devoir accompagner, dans la séance du 8 août, l'hommage de cet écrit à l'Académie des sciences morales et politiques; en indiquant en peu de mots la doctrine philosophique et morale qui était mon point de départ.

La Rongère, 9 août 1874.

AVANT-PROPOS DU TROISIÈME TIRAGE.

Le premier tirage de cette brochure a précédé l'ouverture de la Conférence de Bruxelles; le second a paru pendant le cours de ses travaux; et quoique ce troisième vienne après la clôture de cette Conférence, il convient d'attendre, pour en apprécier les résultats et la portée, la publication officielle et complète des protocoles.

Cette Conférence ne saurait être du reste qu'un premier jalon dans la marche de la civilisation de la guerre; mais, si faible qu'il puisse être, il aura de la force et de l'avenir, si on ne le laisse pas tomber dans la stérilité de l'oubli. Il faut donc désormais que l'opinion libérale rappelle sans relâche à la diplomatie l'esprit de suite et de persévérance qui doit le développer.

Nous avons énergiquement soutenu l'initiative prise par le gouvernement russe, parce qu'à une époque où la force prime le droit, rien n'est plus propre à ébranler son empire, que de l'amener sur le terrain de la discussion. Il est bien à regretter seulement que le gouvernement russe et après lui la Conférence ne se soient pas placés au même point de vue que nous, à celui des deux idées de l'arbitrage et de la légitime défense, qui constituent les deux principes fondamentaux de la civilisation de la guerre.

Cette brochure, parvenue à son troisième tirage, réunit dans sa première partie les considérations développées dans les lettres que nous avons adressées à la presse française à l'occasion de la Conférence de Bruxelles, et l'empressement que la presse étrangère a mis à reproduire la plupart de ces lettres témoigne que nos idées et nos appréciations ont trouvé quelques sympathies dans l'opinion publique.

En ce qui concerne la Conférence, le *Moniteur universel* du 26 août citait l'appréciation suivante exprimée, dans une lettre qu'il avait eue sous les yeux, par un homme d'État distingué :

« Lancé à l'improviste et peut-être un peu à l'aventure, le projet du gouvernement russe courait risque d'être enterré sous les critiques du cabinet anglais et sous celles de la grande majorité de la presse européenne, lorsque M. Ch. Lucas est venu fort utilement à son aide en faisant de la cause de ce projet celle de la liberté de discussion et en montrant à l'opinion libérale, qui a parfois ses myopes, l'importance, si elle savait l'utiliser, du fait seul qui appelait tous les gouvernements de l'Europe à délibérer en commun sur les lois et coutumes de la guerre. Le temps présent n'est pas encore suffisamment préparé pour les principes présentés par M. Lucas en remplacement de ceux du projet russe; mais l'avenir leur appartient, et plus d'un membre de la Conférence est de cet avis, *peut-être*. »

Nous ne sommes pas dépourvu de témoignages autorisés qui sont de nature à nous inspirer confiance dans nos principes; ce n'est pas le moment de nous en prévaloir.

Quant à l'objection relative à l'insuffisante préparation du temps présent pour l'admission des principes que nous avons proposé de substituer à ceux du projet du gouvernement russe, nous laisserons la parole à l'habile publiciste qui a bien voulu la réfuter dans les termes suivants :

« Pourquoi donc toujours renvoyer à l'avenir ce qu'il serait si utile de réaliser dans le présent? M. Lucas ne rêve pas, comme l'abbé de Saint-Pierre, *la paix universelle*. Ses principes, comme il le dit lui-même, se résument dans ces deux idées : celle de l'arbitrage international pour prévenir la guerre, et, quand elle n'a pu être prévenue, celle du droit de légitime défense pour la régler; car il demande avant tout qu'on ne reconnaisse de licite que la guerre défensive et qu'on sache condamner et flétrir, comme illicite, la guerre d'annexion et de conquête. »

Le *Mémorial diplomatique* ne paraît pas croire à l'inopportunité de ces principes pour le temps présent, lorsqu'il dit : « Qu'on songe que le plus souvent le motif officiel d'une déclaration de guerre n'est qu'un prétexte : que sous l'apparence d'intérêts moraux ou matériels lésés se cachent fréquemment la convoitise et la soif de domination. Or, supposons qu'un code international prohibe les conquêtes territoriales, les annexions contre le gré des populations, n'aurait-on pas rendu ainsi plus rares les guerres? L'appât étant diminué ou amoindri, les plus ambitieux n'y regarderaient-ils pas à deux fois avant de s'engager dans l'aventure d'une guerre? Si on dit que, de nos jours, un pareil accord international n'est pas possible, alors nous répondrons que l'œuvre du Congrès de Bruxelles est condamnée d'avance. »

Nous terminerons par une dernière considération.

Il est un contraste qui nous a frappé dans l'histoire récente de l'Angleterre et que nous avons omis de signaler. Nous croyons devoir ici réparer cette omission.

L'Angleterre, en raison de l'extension de son industrie, de son commerce et du progrès de sa civilisation, doit éprouver le besoin matériel et moral de prévenir la guerre; elle en a donné récemment deux éclatants témoignages par l'exécution de la sentence arbitrale dans l'affaire de l'Alabama et par le vote de la chambre des Communes relatif à la motion de M. Henry Richard en faveur de l'arbitrage pour le réglement des conflits internationaux.

Comment expliquer que l'Angleterre ait teuu une conduite si différente dans deux circonstances d'une date également assez rapprochée? Nous voulons parler du projet récent de l'empereur de Russie concernant la

Conférence de Bruxelles et de celui par lequel l'empereur Napoléon III avait proposé, en 1869, la réunion d'un Congrès diplomatique pour essayer de résoudre à l'amiable les différentes questions qui divisaient les gouvernements et les peuples de l'Europe. D'où vient que, dans ces deux occasions, l'Angleterre a pris une attitude d'opposition qui a fait échouer le premier projet et a failli réserver le même sort au second ?

« Quand on songe, dit le *Mémorial diplomatique*, aux événements dont l'Europe a été le théâtre depuis le projet de Napoléon III, on est en droit de se demander si la guerre de 1870 aurait été possible après le Congrès projeté ? »

N'est-ce pas là une grave responsabilité morale qui pèse sur l'Angleterre ?

Ce langage n'est pas assurément celui de la récrimination envers la libérale Angleterre, envers la patrie des Cobden et des Henry Richard, et des hommes d'État tels que lord Clarendon, lord Granville et M. Gladstone, qui ont pris une si noble part au traité de Paris de 1856 et à l'arbitrage de l'Alabama. Notre langage n'est que celui d'une profonde tristesse en voyant l'Angleterre, qui est appelée à servir si utilement la cause de la civilisation de la guerre, la déserter tout à coup dans la Conférence de Bruxelles où elle avait un si beau rôle à remplir.

DU PROJET

DE CONVENTION INTERNATIONALE

PROPOSÉ

PAR LE GOUVERNEMENT RUSSE

SUR

LES LOIS ET COUTUMES DE LA GUERRE [1].

Il est bien loin de ma pensée de vouloir me livrer ici à un examen approfondi du projet de convention internationale proposé par le gouvernement russe sur les lois et coutumes de la guerre, et à l'appréciation de chacun des 70 articles qui le composent. Je tiens seulement à dire sommairement mon impression sur l'esprit qui semble caractériser ce document au point de vue du développement progressif de la civilisation, et la valeur qu'il convient de lui reconnaître à cet égard.

I

APPRÉCIATION DU PLAN DE CE PROJET.

Je ne saurais partager l'engoûment des apologistes de ce projet, qui le glorifient comme une innovation considérable, ni le scepticisme de ses détracteurs,

(1) Les considérations développées dans cet écrit ont déjà été publiées dans les numéros du *Moniteur universel* des 10, 20, 22 et 27 juillet, sous forme de lettres adressées à l'honorable rédacteur en chef de ce journal, M. Paul Dalloz.

qui le dénoncent comme un piége tendu aux amis du progrès humanitaire. Je crois être dans les conditions d'une impartiale et même bienveillante appréciation à l'égard de ce projet, qui se rapproche sensiblement, sur certains points, des idées développées dans mes mémoires à l'Institut sur la civilisation de la guerre, et notamment sur les trois points suivants, d'une si haute importance à mes yeux.

Ce projet est, en effet, un grand pas vers la reconnaissance de la nécessité de la codification du droit des gens, que j'ai demandée comme une condition essentielle de la civilisation de la guerre. Il semble, de plus, entrer dans la voie qui m'a paru être celle que devait suivre la codification du droit des gens, quand j'ai dit qu'elle ne pourrait se réaliser que par le double concours des congrès de la science et de ceux de la diplomatie. Enfin, le projet a rempli une autre condition sur laquelle j'avais vivement insisté, celle de faire précéder la codification du droit des gens relative à la civilisation de la guerre d'un exposé de principes généraux.

On ne peut méconnaître les sentiments d'humanité évidemment inspirés à plusieurs dispositions de ce projet par les cruels souvenirs d'un passé récent et par les appréhensions peut-être d'un sombre avenir. Toutefois, en s'attachant à interdire les moyens que l'humanité et la civilisation réprouvent, ce projet laissebien des lacunes encore à combler, et il en est deux notam ment qui n'ont échappé à personne, je veux parler de l'emploi des otages, emprunté à la barbarie d'un autre âge, et l'innovation de l'incendie au pétrole comme moyen d'intimidation ou de vengeance, ainsi qu'on l'a pratiqué envers l'héroïque population de Châteaudun.

On a dit avec raison que le rôle d'impartialité pour rédiger ce projet appartenait à la Russie qui, spectatrice des deux grandes luttes dont l'Europe a été dernièrement le théâtre, devait naturellement apporter dans sa rédaction les nobles sentiments d'humanité dont, pas plus que son adversaire, elle ne s'est départie dans la guerre de Crimée. Mais peut-on considérer du reste ce projet comme un véritable programme de la civilisation de la guerre ? Je n'hésite pas à me prononcer pour la négative, tout en repoussant énergiquement l'injustice de ceux qui ne voient dans ce projet qu'une réglementation de coups de canon et la science de massacrer correctement; et pour motiver mon opinion, il me suffira de rappeler ici la manière dont j'ai défini devant l'Institut ce que j'entendais par civilisation de la guerre :

« Civiliser la guerre, c'est, selon moi, proclamer bien haut le seul principe qui puisse la justifier, celui de la légitime défense, et en dehors de ce principe la flétrir comme criminelle; en un mot, c'est montrer ce qui est le *droit*, la guerre défensive, et ce qui est le crime, la guerre offensive de l'ambition et de la conquête. Ce qu'il faut s'attacher à abolir, c'est la seconde, puisqu'alors la première n'aurait plus de raison d'être (1). »

(1) Lettre à M. Mignet, Secrétaire perpétuel de l'Académie des Sciences morales et politiques (*Compte-Rendu des Travaux de l'Académie*, t. XCIX, p. 633.

II

APPRÉCIATION DE L'ESPRIT DU PROJET.

Ce qui me frappe dans le projet de la Russie, c'est qu'il tend plutôt à la consécration qu'à l'abolition de la guerre d'annexion et de conquête. La nécessité d'arriver au but de la guerre y est en quelque sorte l'axiome qui domine tout; mais on n'y trouve nulle part, ni dans les principes généraux ni ailleurs, ce qu'il faut entendre par le but de la guerre. Cependant ce projet ne peut nier que le licite et l'illicite doivent se rencontrer dans le but de la guerre aussi bien que dans l'emploi des moyens.

Le but licite de la guerre, c'est-à-dire celui de la guerre défensive, est la seule base sur laquelle puisse reposer la moralité de ce projet. Mais s'il est un moyen d'arriver à la consécration de la guerre illicite d'annexion et de conquête, alors il n'appartient plus au progrès moral de la civilisation.

Or, il ne me semble pas possible de méconnaitre que l'esprit qui caractérise ce projet n'aboutisse à légitimer la guerre d'annexion et de conquête. On peut voir l'attention singulière qu'il apporte à tout ce qui cône cerne le pays occupé, parce que le fait de l'occupation est l'acheminement à celui de l'annexion et de la conquête; l'esprit conquérant se trahit même par cette disposition oppressive qui oblige les fonctionnaires administratifs d'un pays occupé à continuer l'exercice de leurs fonctions, et par le vague de cette expression *pays occupé*, qui se rencontre si souvent et ne se définit nulle part. Il se produit du reste dans le texte de l'article 48, qui consacre formellement le droit d'annexion.

Ces observations ne sont pas dictées par un esprit de récrimination contre la Russie qui, quelles que puissent être ses intentions pacifiques vis-à-vis l'Europe, n'en reste pas moins du côté de l'Asie une puissance conquérante. Il n'était donc pas possible d'espérer qu'elle vînt abdiquer entièrement dans ce document l'esprit de conquête. Mais on doit lui savoir bon gré de s'y être si largement inspirée des sentiments de l'humanité, et d'avoir provoqué la diplomatie européenne à entrer enfin avec le concours de la science dans la codification du droit des gens.

C'est là une initiative qui l'honore et qui tôt ou tard portera ses fruits.

III

Les trois points de vue de la civilisation de la guerre.

L'œuvre de la civilisation de la guerre comprend trois choses : d'abord et avant tout, il faut travailler à la prévenir par la médiation et l'arbitrage international, et je n'ai pas à regretter sur ce point la persévérance de mes écrits, car l'idée fait assez rapidement son chemin (1). Il est fâcheux que le projet de la Russie n'ait

(1) *Discours sur l'arbitrage international*, prononcé le 31 mars 1873 devant l'Institut des provinces de France, réuni à Pau pour sa 39e session ;

De la substitution de l'arbitrage à la voie des armes pour le rè-

pas même visé le protocole du congrès de Paris de 1856, premier pas en faveur de la médiation et de l'arbitrage, qui s'est accentué depuis par le succès dans la Chambre des communes de la mémorable motion de M. Henry Richard. On sait qu'une motion semblable en faveur de l'arbitrage international par l'éloquent Mancini a été acclamée en Italie par la Chambre élective avec l'adhésion du gouvernement lui-même ; qu'une autre a été votée par la Chambre des députés de Suède ; et qu'enfin deux honorables membres du Congrès américain, MM. Washburn et Smith, ont présenté, l'un au Sénat, l'autre à la Chambre des députés, leurs motions en faveur de l'arbitrage international, qui ont été renvoyées à l'examen du comité des affaires étrangères.

Lorsque la guerre n'a pu être prévenue par l'arbitrage, il faut du moins interdire à son but et à l'emploi de ses moyens ce qui est illicite devant la morale et de plus devant l'humanité. Le projet de la Russie, qui

glement des conflits internationaux (Compte-Rendu de l'Académie des Sciences morales et politiques, t. C, de la collection, p. 415;

Observations en réponse à celles de M. Baudrillart (même Compte-Rendu, p. 695) ;

Lettre du 3 juillet 1873 au peuple anglais sur l'*Arbitrage international*, à l'occasion de la prochaine motion de M. Henry Richard, membre du Parlement;

Un vœu de civilisation chrétienne adressé à l'Angleterre et aux États-Unis (Revue chrétienne, juin 1873) ;

La cause de l'arbitrage international devant le peuple des États-Unis (Revue critique de législation, août 1873) ;

Quelques mots sur le concours de l'action collective de la science et de la diplomatie, pour le progrès du droit des gens et de l'arbitrage international, août 1873.

s'est plus particulièrement préoccupé des revendications de l'humanité, n'a donc envisagé qu'un des trois points de vue de la civilisation de la guerre. L'opinion libérale doit constater ces lacunes ; mais ce n'est pas une raison pour ne pas suivre le projet russe sur le terrain où il s'est placé, et y défendre avec lui la cause de l'humanité.

IV

LA GUERRE SUR MER ET SUR TERRE ET LA LIBERTÉ DE DISCUSSION.

La cause de l'humanité aura bien des luttes à soutenir et bien des résistances à vaincre avant de triompher. Ne savons-nous pas déjà le hautain *veto* qu'un éminent homme d'État, si justement renommé pourtant par l'élévation de ses lumières et de ses sentiments généreux, a fait entendre dans la Chambre des lords, en déclarant que la libérale Angleterre ne pouvait pas même admettre la liberté de discussion dans le Congrès de Bruxelles à l'égard des *us* et *coutumes* de la guerre maritime, et que la parole devait y être interdite à l'humanité pour faire valoir ses doléances à cet égad?

Aux yeux du noble lord, s'il peut être permis au congrès dans une limite du reste fort restreinte, comme on le verra bientôt, de rechercher, constater et prohiber l'illicite pour la guerre sur terre, il n'en saurait être ainsi pour la guerre sur mer. Pour justifier un pareil *veto*, il faudrait supposer qu'il y a deux manières différentes, sur terre et sur mer, d'entendre et pratiquer l'humanité ; ou bien encore que les annales de la guerre maritime, chez les diverses puissances en général et pour l'Angleterre en particulier, présentassent un si touchant et si persévérant respect du licite, que l'humanité et la morale n'auraient rien à y revoir.

Si lord Derby trouvait que l'intérêt des puissances maritimes, et par conséquent celui de l'Angleterre, n'était pas suffisamment représenté dans ce congrès, il pouvait faire ses réserves parfaitement justifiées à cet égard et demander même pour la guerre maritime le renvoi de la discussion à un congrès spécial; mais je crois qu'il ne tardera pas à reconnaître qu'il est allé beaucoup trop loin en paraissant vouloir soustraire la guerre maritime à la légitime influence du développement de la civilisation, du progrès des mœurs, et de celui de la raison publique.

La dépêche du 4 juillet adressée par lord Derby à l'ambassadeur d'Angleterre à Saint-Pétersbourg n'étend pas il est vrai à la discussion de la guerre sur terre le veto prononcé contre celle de la guerre maritime; mais il vient y apporter de graves restrictions.

L'Angleterre, d'après cette dépêche, ne s'opposerait pas en ce moment à l'examen de quelques points de détail sur les questions soulevées par l'état de guerre; toutefois elle est fermement résolue à ne pas prendre part à une discussion sur les règles du droit des gens, règles qui déterminent les relations des belligérants.

Elle n'acceptera pas non plus de nouveaux engagements modifiant les principes généraux admis jusqu'ici.

Si lord Derby s'était borné à faire les plus expresses réserves sur cette question délicate et brûlante du droit de belligérant, je ne saurais trop approuver sa haute prudence; mais il ne fallait pas interdire la liberté de discussion. C'est en temps de paix qu'il faut aborder de pareilles questions pour en étudier les écueils, en approfondir les difficultés et rechercher les éléments et les règles de leur solution.

V

LE DROIT DE BELLIGÉRANT.

Je reviens ici à la grave omission que j'ai déjà reprochée au projet du Gouvernement russe, qui, ne pouvant méconnaître que le licite et l'illicite devaient se rencontrer dans le but de la guerre aussi bien que dans l'emploi de ses moyens, a eu le tort de ne pas s'expliquer sur la légitimité de la guerre avant d'arriver à celle de ses opérations. Si le projet avait nettement reconnu la guerre défensive comme la seule légitime ; s'il avait déclaré que le droit de la guerre n'est que celui qu'a tout peuple de repousser par l'emploi de sa force collective, comme tout individu par l'emploi de sa force personnelle, une injuste agression, la question du droit de belligérant serait bien simplifiée ; car ce droit doit appartenir à tout citoyen du sol envahi, dont le devoir est de défendre la patrie. Mais lorsqu'on parle du but de la guerre sans aucune distinction entre l'envahisseur et l'envahi, sans aucune ligne de démarcation que vienne indiquer la notion du droit et du devoir, on se jette dans un chaos qui ne permet pas de donner au titre de belligérant sa véritable signification.

J'ai toujours combattu le système prussien du service militaire personnel obligatoire, parce qu'en temps de paix c'est plutôt une menace d'invasion qu'une garantie défensive ; car, ainsi que l'a dit M. Thiers, il n'y a que les nations barbares où tout le monde est soldat. Mais tout le monde le devient et doit le devenir lorsqu'il s'agit de défendre contre l'envahisseur le sol de la patrie. C'est par la levée en masse qu'un peuple défend son indépendance nationale, comme le fit la Prusse elle-même en 1813, et en pareil cas tout habitant du sol envahi n'a besoin d'aucun signe extérieur, mais de sa qualité seule de citoyen, pour qu'on doive respecter en lui le droit le plus sacré de belligérant. C'est ce principe qui fut consacré par la Prusse dans l'article 29 de son ordonnance de 1813, mais qui fut par elle, il est vrai, si méconnu dans la guerre de 1870. Le projet russe vient entraver le droit et le devoir légitime de la guerre défensive, en les subordonnant à des exigences d'organisation que ne comporte pas la spontanéité de l'élan national.

VI

LES PRINCIPES GÉNÉRAUX DU DROIT DES GENS.

Lord Derby repousse encore toute discussion, comme étant bien décidé à l'avance à n'accepter aucun engagement modifiant les principes généraux admis jusqu'ici. Je demanderai à lord Derby : Où est donc l'excellence de ces principes généraux?

Je crois qu'il serait assez embarrassé de répondre à cette question moralement et même historiquement, et ce n'est probablement pas à la guerre de 1870-1871 qu'il emprunterait ses arguments. Mais je demanderai de plus à Sa Seigneurie : Où trouver même l'existence des principes généraux du droit des gens ? Où sont-ils promulgués ? Où est le Code que l'on puisse consulter ? C'est parce qu'il n'existe aucun texte écrit de codification du droit des gens que cette codification est réclamée par le besoin impérieux de la civilisation moderne, et que, sous ce rapport, le gouvernement russe a pris une louable initiative. Autrement, le droit des gens est abandonné à la diversité et aux conflits des opinions des auteurs parmi lesquels les hommes d'État choisissent, selon l'occurence, celles qui s'accommodent le mieux à leur politique. C'est ainsi qu'à l'occasion du bombardement de Paris, la doctrine de Vattel était invoquée par M. le prince de Bismarck, auquel je rappellerai ici, puisque l'occasion s'en présente, mon inébranlable fidélité au principe de l'inviolabilité de la vie de l'homme, hors du cas de légitime défense, en venant flétrir au nom de ce principe l'odieux attentat dont il a failli être victime.

VII

REPROCHE D'INOPPORTUNITÉ ET D'INPRATICABILITÉ DU PROJET RUSSE.

Lord Derby reproche au projet du gouvernement russe son inopportunité. Je crois ce reproche bien immérité. Il me semble qu'on doit louer la prudence de ce gouvernement qui, sous l'impression des souvenirs d'un si récent passé et des appréhensions d'un inquiétant avenir, a obéi aux sentiments de prévoyance et d'humanité dont s'inspirait la Chambre des communes, lorsqu'elle votait une adresse à la reine, pour la prier d'inviter les puissances européennes à préférer la voie de l'arbitrage à celles des armes pour le réglement de leurs conflits internationaux,

Le projet du gouvernement russe est loin sans doute d'avoir la même portée et la même valeur que le vote du Parlement anglais. Il ne va pas jusqu'à prévenir la guerre, mais il veut au moins en bannir les plus cruels excès. Ce n'est pas seulement dans l'ordre physique, mais encore dans l'ordre politique et social, qu'il faut craindre pour l'humanité les dangers de l'imitation contagieuse. A une époque où l'Europe doit redouter à la fois le fléau de la guerre internationale et celui de la guerre civile, n'est-il pas opportun d'interdire à la première l'emploi des moyens que l'humanité et la civilisation réprouvent, afin que la seconde ne se croie pas au moins autorisée par l'apparente complicité de l'indifférence à y recourir et les dépasser en atrocités, ainsi que nous n'en avons eu que de trop lugubres exemples ? Le sang héroïque des otages qui a coulé à Paris, sur le pavé des cours de la prison de la Roquette, ne révèle-t-il pas assez le danger de donner par une guerre internationale l'idée d'un moyen illicite dont s'emparent, au milieu des discordes civiles, de fanatiques sectaires pour en pousser l'imitation jusqu'aux plus horribles conséquences ?

Etait-il inopportun de chercher, comme l'a pensé le gouvernement russe, à faire prévaloir dans la guerre le respect de la propriété privée, au lendemain d'une guerre où l'on a vu les chemins de fer servir au transport du butin de l'industrie du pillage, afin d'enrichir le pays du vainqueur de la spoliation du pays du vaincu? Tout se tient et s'enchaîne dans l'ordre moral, et il y a dans ces faits un péril sérieux, à une époque où l'on prêche au polétariat que la propriété c'est le vol.

Au milieu de la perturbation jetée dans l'ordre moral et social par toutes ces calamités récentes, la conscience publique éprouvait le besoin d'être rassurée par les déclarations de la diplomatie, sur ce qu'il fallait entendre désormais par le droit des gens. Elle demandait à la réprobation du passé une garantie morale contre les appréhensions et les représailles même de l'avenir.

Il était grand temps que dans la diplomatie européenne réunie en congrès, la parole fût enfin donnée à la civilisation et à l'humanité. Là donc où lord Derby ne voit que l'inopportunité de la discussion, je ne verrais que la culpabilité du silence. Il ne faut pas que l'Europe par la guerre internationale et par la guerre civile retourne à la barbarie.

Lord Derby n'a pas dit, mais il laisse assez entendre qu'il n'aperçoit guère qu'une utopie philanthropique dans ce projet du gouvernement russe, qui semble se résumer dans cette maxime de Montesquieu et de Kant, qu'en temps de guerre les belligérants doivent se faire le moins de mal possible pour faciliter l'œuvre de réconciliation de la paix. N'est-ce pas pourtant à préparer dans la guerre cette œuvre de réconciliation que doit être, même pour l'école utilitaire, la grande politique, la seule qui réponde aux intérêts industriels et commerciaux aussi bien qu'intellectuels et moraux? L'histoire contemporaine ne nous montre-t-elle pas, par la guerre de Crimée, que cette œuvre de réconciliation n'est pas irréalisable entre les belligérants, quand les procédés illicites de la guerre et les iniques et humiliantes conditions de la paix ne viennent pas y faire obstacle ?

VIII

REPROCHE D'EXTENSION EXAGÉRÉE.

La dépêche du 4 juillet regrette que le gouvernement russe n'ait pas laissé au projet de la conférence l'objet primitivement proposé et limité à l'amélioration du sort des prisonniers de guerre. Et elle ajoute : « Le projet s'est trouvé contenir un plan détaillé pour la conduite des opérations militaires, et le traitement des prisonniers n'y tient que très-peu de place. De plus, le prince Gortchakoff, dans sa dépêche du 17 avril, dit : « Le projet que nous soumettons à l'examen des cabinets n'est qu'un point de départ pour les délibérations qui, nous aimons à l'espérer, prépareront le terrain d'une entente générale. »

La dépêche anglaise reproche ainsi au projet du prince Gortchakoff d'ouvrir à la discussion un champ déjà trop étendu dans le présent, et qui doit encore s'élargir ultérieurement.

Ce plan du prince Gortchakoff doit m'inspirer une appréciation bien différente. Dans un mémoire lu à l'Institut, séance du 5 octobre 1872, sur la *Nécessité d'un congrès international relatif à la civilisation de la guerre et à la codification du droit des gens*, je disais : « L'Europe croit beaucoup trop qu'en dehors de la force matérielle il n'y a pas de salut. Elle a sous la main un levier dont elle ne paraît pas calculer toute la puissance quand il s'appuie sur la science et l'opinion libérale du monde civilisé ; ce levier, c'est la diplomatie. Elle en avait fait quelquefois dans ces derniers temps un noble usage. C'est dans cette voie qu'il faut rentrer, c'est à cette politique qu'il faut revenir ; car c'est la grande politique du présent et de l'avenir (1). »

On ne saurait donc trop louer le prince Gortchakoff, et le puissant souverain qu'il représente, d'entrer dans cette voie nouvelle, qui est celle de la liberté d'examen et de discussion, sur les questions qui se rattachent à la civilisation de la guerre, et sur les principes généraux qui sont appelés à inaugurer l'ère prochaine de la codification progressive du droit des gens.

Le gigantesque projet de tunnel de Douvres à Calais, qui doit l'unir au continent, dit assez à l'Angleterre qu'une politique insulaire, qui l'isolerait du mouvement progressif de la civilisation européenne, n'aurait plus désormais sa raison d'être. Le rôle que la libérale Angleterre est appelée à jouer par ses hommes d'État et ses ambassadeurs dans le monde civilisé, c'est d'y représenter le progrès humanitaire sans jamais vouloir entraver à cet égard la liberté de discusion et paraître en redouter les lumières.

CONCLUSION.

La conférence internationale sur les lois et coutumes de la guerre, ou sur ce que j'appelle la réforme

(1) *Compte-Rendu des Séances et Travaux de l'Académie des sciences morales et politiques*, t. XCIX[e], de la collection, p. 158.

relative à la civilisation de la guerre, va donc se trouver en présence de deux systèmes bien différents :

L'un est celui du projet proposé par le gouvernement russe, qui me semble avoir une tendance assez marquée à reconnaître la nécessité d'une codification du droit des gens et qui, considérant la civilisation de la guerre comme la partie la plus urgente de cette codification, aspire à introduire dans les lois et les coutumes de la guerre, par le concours de la science et de la diplomatie et par les lumières de la liberté de discussion, le développement progressif de principes généraux et d'application pratique dont le projet actuel ne serait que le point de départ.

J'ai été plus sobre d'éloges que de critiques envers le projet du Gouvernement russe ; j'ai indiqué des lacunes à remplir dans l'énumération des moyens illicites dont la guerre doit s'interdire l'emploi, j'ai signalé l'inconséquence de ne pas s'expliquer d'abord sur la légitimité du but de la guerre avant de parler de celles de ses opérations ; j'ai dit ce qui pouvait sembler y consacrer plutôt qu'y condamner la guerre d'annexion et de conquête ; j'ai mentionné enfin les injustes restrictions apportées aux ressources de la guerre défensive et au patriotique élan de l'esprit national pour repousser l'invasion.

Mais du moment que le projet du gouvernement russe livre ses dispositions au grand jour de la publicité et fait appel à la liberté d'examen et de discussion, on ne peut méconnaître la loyauté de ce procédé et les avantages à retirer de ce projet par une conférence qui sera remplie d'hommes éminents et trop clairvoyants pour ne pas discerner les bonnes dispositions à y conserver, les défectueuses à y rectifier et les lacunes à y remplir : pour en faire, en un mot, ce que doit être un Code de la civilisation de la guerre conçu et rédigé non au profit de l'envahissseur mais de l'envahi qui, appelé à combattre pour son indépendance nationale, a seul à revendiquer dans toute sa plénitude le légitime exercice du droit de la guerre.

L'autre système est celui de la dépêche du gouvernement anglais du 14 juillet à son ambassadeur à Saint-Pétersbourg qui, distinguant la guerre sur mer et la guerre sur terre, interdit de discuter tout changement à proposer aux *us et coutumes* de la première, et ne se départit à l'égard de la seconde que sur quelques points seulement du *veto* qu'il impose à la liberté d'examen et de discussion.

C'est sur ces deux systèmes que la conférence est appelée à délibérer. J'ai la ferme confiance qu'elle ne se prononcera pas en faveur du second ; car le libéralisme est du côté du gouvernement russe, qui veut la liberté de discussion, et non du côté du gouvernement anglais, qui n'en veut pas.

Le libéralisme consiste d'abord à ne jamais interdire la liberté de discussion, et ensuite à savoir s'en servir pour combattre les principes que l'on trouve dangereux, et pour faire prévaloir ceux que l'on croit justes et utiles. Le rôle le plus digne du gouvernement anglais, serait de venir au congrès, non pas seulement pour y faire acte de présence, mais pour y demander l'introduction des déclarations suivantes dans le projet proposé par le gouvernement russe.

La guerre est illégitime par le caractère illicite de son but et par celui des moyens qu'elle emploie.

Le but de la guerre est illicite quand elle est faite pour arriver par l'invasion d'un État à la conquête de tout ou partie de son territoire.

La guerre légitime est celle que soutient un peuple pour défendre son indépendance nationale et l'intégrité de son territoire.

Le peuple envahi a le droit, pour repousser l'envahisseur, d'user de toutes les ressources de son territoire et de toutes les forces collectives et individuelles de ses habitants, dont chacun doit être considéré et traité comme légitime belligérant.

Ce princiqe de la guerre défensive, qui étend le droit et le devoir même de belligérant à l'universalité des habitants du pays envahi, n'a-t-il pas été reconnu et pratiqué par la Russie en 1812, et même promulgué en 1813 par la Prusse dans une ordonnance royale qui allait jusqu'à déclarer par son article 7 « qu'on doit combattre l'ennemi par tous les moyens possibles, que la nécessité les justifie et que les moyens les plus décisifs sont les meilleurs? »

Je ne voudrais pas aller aussi loin que l'ordonnance prussienne de 1813; car il serait dangereux d'accorder même à la guerre défensive le choix illimité des moyens, et de reconnaître ainsi à la nécessité qu'on invoque l'emploi de ceux que l'humanité et la civilisation réprouvent. C'est par ce motif qu'il conviendrait de placer à la suite des déclarations précédentes les moyens illicites que la guerre même défensive doit s'interdire.

L'attention publique dans les Deux-Mondes se porte sur les importantes délibérations qui vont s'ouvrir en Belgique, heureux pays qui vit sous le pacifique développement des institutions d'un peuple libre, et qui, s'il n'est pas grand par son territoire, l'est devenu par la place qu'il occupe dans l'estime du monde civilisé; heureux pays encore qui, préférant l'esprit réformateur à l'esprit révolutionnaire, a mérité d'être le lieu de prédilection où les congrès de la science et de la diplomatie aiment à se réunir; heureux pays enfin si bien désigné au choix de cette conférence sur les lois de la guerre, puisque, par l'effet de sa neutralité et par le développement de la raison publique, il n'est appelé à invoquer et pratiquer d'autre droit que celui de la guerre défensive, et à n'ambitionner d'autres conquêtes que celles qui viennent accroître les progrès de l'esprit humain!

Je ne puis donc que vivement applaudir à la convocation de la conférence diplomatique qui doit avoir lieu le 27 à Bruxelles, parce que ce Congrès n'a pas pour objet de se livrer à de stériles et imprudentes récriminations contre le passé; mais d'arriver à des déclarations mûrement délibérées et nécessaires pour rassurer dans le présent et sauvegarder dans son avenir la civilisation européenne.

Telles sont les observations qui m'ont été inspirées par le besoin de préciser les services qu'on doit attendre de cette conférence au profit du droit des gens et de l'intérêt de la guerre défensive, la seule dont un code international ait à garantir les droits, puisque c'est la seule dont il puisse admettre la légitimité.

Quant aux guerres illicites il n'y a pas à consacrer un droit qui n'existe pas ; mais seulement à renfermer l'abus de la force dans la limite la plus restreinte, jusqu'au jour où la Providence pourra permettre que la civilisation soit entièrement délivrée par l'arbitrage international de la primauté de la force sur le droit.

Au résumé donc, l'œuvre de la civilisation de la gnerre exige un Code international divisé en trois parties ayant pour objet :

La première, de prévenir la guerre par la substitution de l'arbitrage à la voie des armes pour le règlement des conflits internationaux ;

La seconde, dans le cas où les hostilités n'ont pu être prévenues, de consacrer les droits de la guerre défensive, la seule légitime.

La troisième enfin de prohiber l'emploi des moyens illicites que l'humanité réprouve, et qui doivent être par conséquent interdits dans le cours des hostilités à la guerre défensive, et à plus forte raison aux illégitimes belligérants de la guerre d'invasion et de conquête.

Tel est le cadre normal du Code international de la civilisation de la guerre, qui ne saurait être l'œuvre d'un jour ni d'une conférence diplomatique, ainsi que l'a bien compris le prince Gortchakoff lui-même dans sa dépêche du 17 avril, en ne présentant le projet russe que comme un point de départ. Il s'agit, en effet, d'inaugurer une ère nouvelle de la codification du droit des gens (1), qui n'est plus celle des doctrines

(1) J'ai cité dans mon mémoire à l'Institut du 5 octobre 1872, sur la *Nécessité d'un congrès international pour la codification du droit des gens*, etc. les savants travaux dont M. le professeur Bluntschli en Allemagne, et MM. Lieber et David Dudley-Field aux États-Unis avaient pris la généreuse initiative les deux premiers,

de Grotius, de Vattel; doctrines qui à leur époque constituèrent les progrès du temps, mais qui sur bien des points ne sont plus conformes à ceux du nôtre et ne répondent plus aux besoins moraux et économiques d'une civilisation plus avancée.

La conférence de Bruxelles aura beaucoup fait si avant tout elle consacre la liberté de discussion sur cette ère nouvelle ; car il y a deux degrés qui caractérisent la marche des réformes, et avant d'atteindre celui des choses qui se font, il faut d'abord qu'elles soient admises par la discussion au nombre des idées qui s'avouent.

Par suite du projet du gouvernement russe qui n'a pas suivi l'ordre normal du cadre précité, c'est sur la troisième partie, celle des revendications de l'humanité, que la conférence de Bruxelles est appelée plus particulièrement à délibérer. Je dis plus particulièrement, car parmi les 70 articles du projet russe se trouvent intercalés plusieurs articles qui ne peuvent guère être résolus que par les principes propres à régir la guerre défensive et qui appartiennent par conséquent à la seconde partie du Code international dont je viens d'indiquer le cadre et l'objet.

Je crois donc que la conférence de Bruxelles est appelée à une discussion dont le champ sera fort étendu; mais qui par cela même contribuera beaucoup moins à des solutions immédiates qu'à préparer celles

correspondants de l'Académie des sciences morales et politiques. C'est M. Lieber, de regrettable mémoire, qui a rédigé en 1863 une compilation des lois et usages de la guerre sous le titre d'*Instructions pour les armées américaines en campagne.*

réservées à une autre conférence ou à une nouvelle session de la même conférence.

Un projet de code international sur ce grave sujet est chose de trop longue haleine pour ne pas demander à la diplomatie de nombreux et persévérants travaux. C'est un beau monument à élever à la civilisation chrétienne, et l'honneur de la conférence de Bruxelles est d'en poser les premières assises.

QUELQUES

DISPOSITIONS FONDAMENTALES

A INTRODUIRE DANS LE

PROJET DU GOUVERNEMENT RUSSE

PRÉSENTÉ A LA CONFÉRENCE DE BRUXELLES

POUR SERVIR DE POINT DE DÉPART A SES DÉLIBÉRATIONS

La réunion de la haute conférence internationale sur les lois et coutumes de la guerre a eu lieu le 28 juillet à Bruxelles.

Les noms des hommes éminents désignés par les gouvernements des divers États européens pour représenter dans cette haute conférence la diplomatie et l'armée, doivent inspirer la confiance que la liberté de discussion y sera respectée, et qu'on a beaucoup à espérer des lumières à en recueillir et des résultats à en attendre.

Avant la réunion de la conférence je ne pouvais m'adresser qu'à l'opinion publique. Je puis m'adresser de plus à la conférence elle-même, aujourd'hui que sa constitution est heureusement un fait accompli, et qu'elle a commencé ses importants travaux.

L'empereur de Russie, par sa généreuse initiative, a préparé trois grands services à rendre à la civilisation de la guerre :

Le premier, celui d'appeler la diplomatie comme la science à la liberté de discuter les principes qui peuvent donner satisfaction aux revendications de la morale, de la civilisation et de l'humanité sur les *us et coutumes* de la guerre ;

Le second, celui de réunir en un Code international les principes délibérés et reconnus en Congrès par les délégués des gouvernements des diverses nations, et de substituer ainsi des règles bien définies à l'arbitraire, qui ne reconnaît d'autre loi que celle du plus fort ;

Le troisième enfin, celui de donner un point de départ à cette réforme de la civilisation de la guerre par la présentation d'un projet destiné à devenir l'objet des premières délibérations nécessaires pour arriver à l'entente d'un programme qui devrait servir de base aux délibérations ultérieures.

Je n'ai pas la prétention de présenter ici un travail de révision du projet du gouvernement russe pour y indiquer, à côté des bonnes dispositions à maintenir, les articles qui me semblent devoir être modifiés et ceux-mêmes dont la suppression me paraîtrait nécessaire.

Mon seul but est de soumettre à l'appréciation de la conférence et à celle de l'opinion publique l'opportunité d'introduire dans ce projet du gouvernement russe, qui doit être considéré comme un point de départ, quelques dispositions générales et fondamentales nécessaires pour réagir contre deux tendances dangereuses auxquelles le projet du gouvernement russe n'a pas su suffisamment se soustraire, et dont il laisse subsister le péril :

L'une est de ne pas déterminer nettement la ligne de démarcation qui sépare la guerre illégitime de l'invasion et de la conquête, de celle qui est légitimée par le droit et le devoir de la défense ; d'arriver ainsi à mettre sur le même pied l'envahisseur et l'envahi, et souvent de traiter la guerre défensive comme la moins favorisée sous l'empire invétéré des *us et coutumes* qui ont toujours été établis par le plus fort, et par conséquent à son profit ;

L'autre, sous l'apparence d'une extension philanthropique à donner à l'obligation morale de respecter les personnes et les propriétés des habitants du pays envahi, vient méconnaître en eux le droit et le devoir de défendre le sol et l'indépendance de la patrie en définissant la guerre faite par l'envahisseur, une lutte uniquement ouverte entre les *forces armées* et *organisées* de deux États belligérants.

C'est la dictature du militarisme qui, en dehors de son organisation, n'entend pas reconnaître le droit de légitime défense, ce droit sacré que chacun tient de son titre d'homme et de citoyen. Du jour où une pareille doctrine aurait pu prévaloir, le monde civilisé serait à la merci de la puissance quelconque qui aurait organisé les plus gros bataillons.

Si la première impression produite dans une grande partie de l'Europe par le projet de la conférence de Bruxelles a été celle de l'inquiétude, c'est qu'évidemment on a craint que cette conférence ne fût appelée à favoriser les deux tendances dangereuses que je viens d'indiquer. Il importe donc de rassurer l'Europe, et la conférence a déjà beaucoup fait à cet égard par ses débuts. Chaque jour s'accroît la confiance qu'elle inspire, et je crois contribuer à l'affermir en conseillant d'introduire dans le projet du gouvernement russe les principes formulés dans les douze articles suivants :

I. — La guerre est un mal, tant en raison des calamités qu'elle entraîne que parce qu'elle vient substituer les sanglantes et hasardeuses solutions de la force à celles du droit.

II. — Il est obligatoire de recourir à l'arbitrage pour prévenir la guerre.

III. — Le droit de la guerre qui n'a pu être évitée par l'arbitrage n'est que celui de légitime défense, seul appelé à déterminer les règles du licite et de l'illicite qui doivent la régir.

IV. — La guerre est illégitime par le caractère illicite de son but et par celui des moyens qu'elle emploie.

V. — Le but de la guerre est illicite quand elle est faite pour arriver par l'invasion d'un État à la conquête de tout ou partie de son territoire.

VI. — La guerre légitime est celle que soutient un peuple pour défendre son indépendance et l'intégrité de son territoire.

VII. — Le peuple envahi a le droit, pour repousser l'envahisseur, d'user de toutes les ressources de son territoire et de toutes les forces collectives et individuelles de ses habitants, dont chacun doit être considéré et traité comme légitime belligérant.

VIII. — Le droit de s'armer et de combattre pour défendre l'indépendance de la patrie et l'intégrité du territoire, qui appartient à tous et à chacun des habitants de l'État envahi, n'est subordonné, dans son exercice individuel ou collectif, à aucune condition préalable, soit de signe extérieur, soit d'organisation militaire ; et on ne saurait incriminer à cet égard la spontanéité de l'élan national, ni punir judiciairement les actes qui en sont la légitime conséquence.

IX. — La guerre défensive n'a pas le choix illimité de ses moyens. Elle doit s'interdire les moyens illicites que la morale et l'humanité réprouvent, et notamment l'emploi d'armes empoisonnées ou la propagation par un moyen quelconque du poison sur le territoire ; — l'emploi d'armes occasionnant des souffrances inutiles ; — l'emploi de projectiles remplis de verre pilé ou de matières propres à causer des maux superflus ; — l'emploi des balles explosibles ; — le recours au système des otages ; — la perfidie de lever la crosse en l'air pour simuler une reddition ; — l'emploi du pétrole comme moyen incendiaire d'intimidation ou de vengeance ; — le meurtre d'un ennemi qui a mis bas les armes ou n'a plus les moyens de se défendre ; — la menace d'extermination envers une garnison qui défend obstinément une forteresse.

X. — La guerre devient illégitime du moment où elle passe de la défensive à l'offensive pour entrer dans la voie illicite de l'invasion et de la conquête.

XI. — La qualité de belligérant ne peut être reconnue par les puissances neutres aux combattants de l'État qui, avant de recourir à la voie des armes, a refusé d'accepter la voie de la médiation ou de tenter celle de l'arbitrage.

XII. — La qualité de belligérant ne peut plus être reconnue aux combattants de l'État qui, pendant le cours des hostilités, viole ouvertement les lois de la guerre consacrées par une convention internationale à laquelle il a pris part, et il se met par cette violation hors du droit des nations.

LETTRE

A M. LE BARON JOMINI, PRÉSIDENT DE LA CONFÉRENCE INTERNATIONALE DE BRUXELLES SUR LES LOIS ET COUTUMES DE LA GUERRE.

Monsieur le Baron,

J'ai eu l'honneur de vous prier de vouloir bien, comme président de la Conférence internationale de Bruxelles, agréer l'hommage empressé d'un opuscule que j'ai publié sous le titre de : *la Conférence de Bruxelles*, et dans lequel j'ai soumis quelques considérations à l'indulgente appréciation de la Conférence et à celle de l'opinion publique.

Vous avez pu remarquer dans cet opuscule, Monsieur le Baron, que je félicitais sincèrement le gouvernement russe d'avoir pensé, en provoquantcette Conférence, qu'on ne devait pas en borner les travaux à l'examen de la question fort intéressante, mais beaucoup trop restreinte, de l'amélioration des prisonniers de guerre. Ce gouvernement avait pensé avec raison que, pour répondre au progrès des mœurs et à celui de la raison publique, ainsi qu'aux besoins moraux de notre époque, il fallait aller plus loin et plus haut et prendre la généreuse initiative d'une véritable réforme qu'un Code international viendrait introduire et consacrer dans l'histoire de la guerre.

Le projet russe n'est, de l'aveu même de la dépêche du prince Gortchakoff, qu'un point de départ, et la Conférence de Bruxelles ne saurait être qu'un premier pas pour arriver au but.

Mais c'est à la Conférence à désigner le nom qui doit appartenir nécessairement à cette réforme relative aux principes nouveaux appelés à régir la guerre. Cette nécessité qui avait dû s'imposer à moi-même, du moment où je me livrais à l'étude de ces principes, m'a suggéré le nom de *civilisation de la guerre*. Cette désignation me semble de jour en jour mieux accueillie : on peut lui en donner une meilleure ; mais il ne faudrait pas au moins lui ôter celle-là, sans lui en substituer une autre ; car une réforme sans nom est frappée de stérilité.

Pour qualifier une réforme, il faut nécessairement se demander quelles sont les idées fondamentales qui se résument en elle. Or, la réforme relative à la guerre implique deux idées fondamentales, l'une celle de l'arbitrage international pour la prévenir, l'autre celle du droit de légitime défense pour la régler.

Le nom de civilisation de la guerre me semble heureusement répondre àces deux idées ; car il implique la nécessité morale de ramener la guerre au seul cas de sa légitimité, et dans ce cas même de lui interdire l'emploi des moyens illicites. C'est pour cela qu'il me paraîtrait difficile de le remplacer. Mais je le répète, Monsieur le Baron, ce serait à la Conférence de consacrer cette réforme par le nom qui devrait lui appartenir.

Telles sont les observations qui m'ont été inspirées par l'idée que je conçois de la haute mission de la Conférence de Bruxelles et le désir de contribuer dans la faible mesure de mes forces à la faire prévaloir (1).

Veuillez agréer, Monsieur le Baron, l'assurance de ma plus haute considération.

Ch. LUCAS,

Membre de l'Institut.

La Rongère, près Bourges, (Cher), le 8 août 1874.

(1) Je me borne à mentionner ici en note la lettre que M. le baron Jomini m'a fait l'honneur de m'écrire avec tant de courtoisie, et qui témoigne à la fois de son respect pour la liberté de discussion et de ses sympathies pour le progrès humanitaire ; mais je regrette qu'il persiste à regarder le mot *régularisation* comme synonyme de *civilisation* de la guerre. Il y a entre ces deux mots l'intervalle de deux idées bien différentes.

QUELQUES EXPLICATIONS

PRÉSENTÉES PAR M. CH. LUCAS, A L'OCCASION DE L'HOMMAGE A L'ACADÉMIE DES SCIENCES MORALES ET POLITIQUES DE SON ÉCRIT RELATIF A LA CONFÉRENCE INTERNATIONALE DE BRUXELLES SUR LES LOIS ET COUTUMES DE LA GUERRE (1).

(SÉANCE DU 8 AOUT 1874.)

La Conférence réunie à Bruxelles sur les lois et coutumes de la guerre est un événement trop considérable et qui intéresse à un trop haut degré la codification graduelle du droit des gens, pour que l'Académie puisse y paraître indifférente. J'ose donc espérer qu'elle voudra bien accueillir avec indulgence l'écrit que j'ai publié sur la Conférence internationale de Bruxelles, et agréer l'exemplaire dont j'ai l'honneur de lui faire hommage. J'ose espérer encore qu'elle voudra bien me permettre d'appeler un moment son attention sur l'importance de cette Conférence.

Cet écrit se rattache à trois communications que j'ai eu l'honneur de faire à l'Académie, et dont je crois devoir rappeler les dates et l'objet :

La première du 5 octobre 1872 était intitulée : *De la nécessité d'un Congrès scientifique international relatif à la civilisation de la guerre et à la codification graduelle du droit des gens*. Elle avait pour objet d'indiquer d'abord la civilisation de la guerre comme la partie la plus urgente de l'œuvre de cette codification graduelle du droit des gens, et de montrer ensuite que pour atteindre ce but le travail individuel de la science serait impuissant, et qu'il fallait en organiser l'action et l'autorité collectives par le concours de Congrès scientifiques internationaux qui uniraient à cet égard leurs efforts et leurs travaux à ceux des corps académiques ; que toutefois cette coopération même collective de la science serait encore inefficace, si celle de la diplomatie ne venait s'y joindre. J'étais ainsi amené à conclure à la double nécessité des Congrès internationaux de la science et de la diplomatie.

(1) Le tirage précédent ne contenait qu'un extrait de cette communication à l'Institut.

La seconde, du 13 février 1873, était relative à ce qu'on devait entendre par *la civilisation de la guerre*, et je crois devoir en rappeler ici la définition :

Je ne voudrais pas qu'on pût se méprendre sur le sens que j'attache à ces mots : *Civilisation de la guerre*, et qu'on pût y voir ce qu'on a appelé « une réglementation de coups de canon, la science de massacrer correctement, un commentaire enfin plus ou moins savant sur une pratique qui est la négation même du droit. »

Civiliser la guerre c'est, selon moi, proclamer bien haut le seul principe qui puisse la justifier, celui de légitime défense, et, en dehors de ce principe, la flétrir comme criminelle, en un mot c'est montrer ce qui est le droit, la guerre défensive, et ce qui est le crime, la guerre offensive de l'ambition et de la conquête. Ce qu'il faut s'attacher à abolir c'est la seconde, puisqu'alors la première n'aurait plus sa raison d'être.

Enfin, la troisième communication, du 31 mai de la même année, traitait, ainsi que l'indiquait son titre, de *la substitution de l'arbitrage à la voie des armes pour le règlement des conflits internationaux*.

A l'époque de ces diverses communications, je ne pus me dissimuler que dans l'esprit de quelques-uns de mes savants confrères, naturellement préoccupés de la pente qui entraîne trop souvent à de généreuses utopies ceux qui recherchent les solutions des grands problèmes de l'ordre moral et social, je ne m'étais peut-être pas suffisamment préservé de cet écueil. Je crois que toutes les appréhensions doivent être aujourd'hui dissipées par les faits qui, postérieurement à ces communications, se sont produits successivement en confirmant l'utilité pratique des intentions et des idées qui les avaient inspirées.

L'arbitrage international aura sans doute bien des obstacles à vaincre pour déterminer et étendre progressivement les limites de son empire. Mais sans dissimuler les progrès qui lui restent à faire, on ne peut méconnaître le terrain considérable qu'il a déjà gagné, ainsi que l'attestent le succès, en juillet 1873 dans la Chambre des communes, de la mémorable motion de M. Henry Richard ; celui plus significatif encore peut-être, en novembre de la même année, de la motion de M. Mancini, qui obtint le vote unanime de la Chambre des députés d'Italie et l'adhésion du gouvernement de ce pays. On sait aussi qu'en 1874, la Chambre des députés de Suède a voté, sur la proposition de M. Jonas Jonasson, une motion en faveur de l'arbitrage international, et qu'enfin deux honorables membres du Congrès américain, MM. Washburn et Smith, ont présenté, l'un au Sénat, l'autre à la Chambre des représentants, leurs motions également en faveur de l'arbitrage international, qui ont été renvoyées à l'examen du Comité des affaires étrangères.

Quant à la codification graduelle relative au droit des gens et à la civilisation de la guerre, un institut de droit international a été fondé à Gand le 10 septembre 1873 par une réunion scientifique internationale convoquée à cet effet pour arrêter les statuts de cette importante et utile institution, qui a déjà prouvé sa vitalité. Le 10 octobre suivant se réunissait à Bruxelles un *Congrès international pour la réforme et la codification du droit des gens*, sur l'appel fait par un Comité des ÉtatsUnis aux jurisconsultes d'Europe et d'Amérique.

A côté du concours de la science, celui que l'œuvre de la codification du droit des gens et des lois de la guerre exigeait de la diplomatie ne s'est pas fait longtemps attendre, et c'est le gouvernement russe qui en a pris l'initiative dans une dépêche adressée le 17 avril par le prince Gortchakoff aux représentants de la Russie à l'étranger, pour provoquer la réunion le 27 juillet à Bruxelles d'une Conférence internationale sur les lois et coutumes de la guerre. A cette dépêche était joint un projet en 70 articles proposé par ce gouvernement à titre seulement de point de départ pour les délibérations de la conférence, et sur lequel il appelait les lumières et la liberté de la discussion.

C'est à l'examen de ce projet de loi qu'a été consacré l'écrit dont je fais hommage à l'Académie, et dont l'épigraphe emprunté à ma communication du 5 octobre 1872 est ainsi conçu :

« L'Europe a sous la main un levier dont elle ne paraît pas calculer toute la puissance quand il s'appuie sur la science et l'opinion libérale du monde civilisé ; ce levier c'est la diplomatie. »

Ce projet du gouvernement russe se rapproche beaucoup dans son cadre de celui exposé dans mon Mémoire du 5 octobre.

Il admet d'abord la nécessité de substituer à l'arbitraire, qui n'est nulle part aussi dangereux qu'à la guerre, des dispositions bien définies d'un Code international. Il admet encore pour leur rédaction le concours de la science en même temps que celui de la diplomatie avec le respect de la liberté d'examen et de discussion. Il veut un préambule qui contienne les principes généraux de ce Code, avant d'arriver aux dispositions qui en doivent être l'application. Jusque-là je me trouve en parfait accord avec le projet du gouvernement russe; mais cet accord n'est plus le même, en arrivant au fond des choses, et la ligne de démarcation qui nous sépare est large et profonde.

Ici l'auteur reconnaît qu'il y a eu de la part de la Russie une généreuse initiative à donner la parole à la civilisation et à l'humanité après la guerre de 1870, et il continue ainsi :

J'ai dit dans cet écrit qu'il fallait tenir compte au projet russe de ce qu'il avait fait, sans avoir la naïve surprise de ne pas y rencontrer ce qu'il ne pouvait faire. Quelles que puissent être ses dispositions pacifiques à l'égard de l'Europe, la Russie est toujours une puissance conquérante en Asie, et elle ne pouvait venir condamner dans ce projet l'esprit de conquête, qui y trouve en plusieurs articles sa manifeste consécration. Mais auprès du mal le projet russe en plaçait le correctif, en faisant appel aux lumières de la liberté de discussion, à laquelle il appartient de repousser les mauvais principes et de faire prévaloir les bons.

C'est l'abolition de la guerre d'invasion et de conquête qui doit être pour la civilisation moderne le *delenga Carthago*.

Je ne saurais qu'applaudir à cet égard à l'éloquente protestation de la *société des amis de la Paix*, appelée à produire une profonde impression, non-seulement par l'autorité des principes, mais encore par celle des hommes éminents qui en ont été les interprètes si autorisés. On aime à entendre ces généreuses revendications qui rappellent à la conscience humaine la primauté du droit sur la force, au moment où des doctrines malsaines viennent, pour glorifier la dictature du militarisme, prêcher l'idolâtrie de la force et la déification du succès.

Je m'associe de grand cœur à ce noble langage. Mais à côté du service à rendre à la réforme par ces considérations générales dans l'ordre philosophique, il m'a semblé qu'il y en avait un autre utile à réaliser au point de vue des résultats pratiques. Du moment, en effet, où le projet du gouvernement russe n'est pas un projet qui s'impose, mais que ce gouvernement se borne à proposer, et encore à titre seulement de point de départ; du moment où, en le livrant à la publicité, avant même l'ouverture de la Conférence de Bruxelles, il a ainsi soumis l'examen de ce projet à l'opinion publique en même temps qu'à la Conférence; du moment enfin où, par une interversion de rôle qui a dû singulièrement surprendre et attrister peut-être le monde civilisé, c'était l'Angleterre qui se déclarait l'adversaire et la Russie qui se montrait le représentant de la liberté de discussion, j'ai cru devoir loyalement me placer sur le terrain de cette liberté de discussion.

Mon rôle m'a paru tout tracé, c'était le rôle pratique de l'esprit réformateur qui me conseillait, sans entrer dans l'examen successif de chacun des soixante-dix articles du projet russe, de m'attacher d'abord à celui des principes généraux exposés dans le préambule de ce projet. Il fallait y demander la suppression des principes inadmissibles ou beaucoup mieux encore leur remplacement par ceux que la morale et la civilisation devaient y substituer. Il fallait enfin arriver à cette substitution par le même procédé que le gouvernement russe, celui de la codification; de telle sorte qu'il fût facile à la Conférence et à l'opinion publique, par l'examen comparé de ces articles codifiés appartenant à des principes de deux ordres différents, d'apprécier de quel côté on donnait aux progrès de la civilisation et à ses besoins moraux leur véritable et légitime satisfaction.

L'esprit réformateur n'a pas une mission exclusivement critique; il n'est pas seulement appelé à détruire mais à fonder, et auprès du mal qu'il signale on attend de lui les moyens d'y remédier; à côté des principes qu'il vient blâmer et flétrir, on lui demande d'indiquer et formuler ceux qu'on doit honorer et suivre.

Je ne puis voir dans le projet russe aucun piége tendu à l'opinion publique, qui a le discernement suffisant pour y séparer l'ivraie du bon grain.

Et quant à la Conférence si, contrairement aux espérances qu'on doit en concevoir, ses travaux n'aboutissaient à aucun résultat important, la faute n'en serait qu'à elle seule d'avoir perdu cette admirable occasion qui lui était offerte en toute liberté de discussion de jeter au moins quelques-uns des premiers fondements de la codification de la civilisation de la guerre.

Il convient de placer sous les yeux de l'Académie, à la suite de ces explications, les douze articles de ma codification précitée ; mais il importe en tous cas d'indiquer en quelques mots la doctrine philosophique et morale qui leur sert de point de départ.

Cette doctrine que j'ai depuis longtemps professée, c'est que la guerre est un mal, mal détestable qui, dans l'ordre économique, entraîne les plus regrettables calamités, et qui vient, dans l'ordre moral, substituer les sanglantes et hasardeuses solutions de la force à celles du droit : c'est qu'il ne peut être licite de recourir à ce mal que dans le cas de légitime défense. La défensive, là est le droit ; l'offensive par l'invasion et la conquête, là est le crime. C'est la guerre criminelle de l'invasion et de la conquête qu'il faut flétrir et s'efforcer d'abolir ; car alors la guerre défensive, comme je l'ai déjà dit, n'aurait plus sa raison d'être, et l'humanité serait délivrée du mal de la guerre.

Si la Providence ne doit pas permettre à l'humanité d'atteindre complètement ce but, du moins il faut qu'il soit le *desideratum* de la civilisation, afin qu'elle ne néglige aucun effort pour s'en rapprocher le plus possible.

La civilisation de la guerre se résume, selon moi, en deux idées ; l'une, celle de l'arbitrage international pour la prévenir ; l'autre, celle du droit de légitime défense pour la régler. J'ai foi dans la puissance de ces deux idées et dans leur avenir.

Quant à la codification que je propose, elle comprend, comme on l'a vu, douze articles : le premier est la déclaration énonciative et motivée que la guerre est un mal en soi ; les deux suivants constituent les deux principes fondamentaux de la civilisation de la guerre, celui de l'arbitrage pour la prévenir, et celle du droit de légitime défense pour la régir ; les sept articles qui viennent ensuite, sans embrasser tous les principes généraux qui découlent des deux précédents, indiquent seulement les plus importants ; enfin les deux derniers articles sont la sanction du principe qui prescrit le recours à l'arbitrage, et de celui qui oblige chaque État à respecter les règles établies par la Convention internationale à laquelle il a pris part.

J'ai exposé dans cet écrit que l'œuvre qu'on devait attendre de la Conférence de Bruxelles était de trop longue haleine pour ne pas exiger plusieurs sessions qui lui permettraient de la mener à bonne fin. Si, sur ces douze articles précités, la Conférence, dans sa première session, en adoptait deux seulement, ceux qui consacrent le principe de l'arbitrage et le droit de légitime défense, elle aurait par cela seul assis sur sa base fondamentale la réforme internationale relative à la guerre.

Je me résume :

1° L'état actuel de guerre n'est que la loi du plus fort, qui n'a pas même voulu en codifier les us et coutumes, afin de se réserver la faculté de les changer arbitrairement, selon les occurrences, en ne consultant que les visées de la politique et les convoitises de la conquête ;

2° Ce n'est pas par l'adoption successive de quelques améliorations philanthropiques qu'on peut remédier à un tel état de choses, mais par une réforme sérieuse qui se définisse par le nom qui doit lui appartenir, par les principes qui doivent la constituer et qu'un Code international doit consacrer, afin qu'il y ait un droit écrit pour régler les rapports des États entre eux, comme il en existe un pour régir les rapports des citoyens dans chacun de ces États ;

3° Une œuvre aussi importante que celle d'une réforme internationale relative à l'état de guerre, doit exiger nécessairement de la Conférence de Bruxelles plusieurs sessions et de longs et persévérants travaux, qui réclament la permanence jusqu'à ce qu'elle ait conduit cette œuvre à bonne fin ;

4° L'ordre à suivre dans ces travaux est celui indiqué par le projet du gouvernement russe qui leur sert de point de départ, et qui consiste à poser d'abord, dans un préambule, les principes fondamentaux et généraux de ce Code international, avant d'arriver aux diverses dispositions auxquelles ces principes devront s'appliquer ;

5° Il serait difficile à la Conférence d'arriver dès sa première session à une entente sur tous les principes généraux appelés à régir la réforme internationale relative à l'état de guerre; mais cette entente pourrait du moins s'établir sur les deux principes qui doivent servir de base fondamentale à cette réforme, à savoir : celui du recours obligatoire à l'arbitrage pour prévenir la guerre, et celui ensuite, quand la guerre n'a pu être évitée par l'arbitrage, du droit de légitime défense, seul appelé à déterminer les règles du licite et de l'illicite qui doivent la régir. La Conférence aurait déjà par là réalisé un immense progrès.

Quant au nom à donner à la réforme relative à l'état de guerre, il me semble toujours que *civilisation de la guerre* serait celui qui lui conviendrait le mieux.

Civiliser la guerre, ce n'est pas la régulariser; car la régularisation de la guerre n'indiquerait pas sa moralisation. Ce serait toujours mettre et traiter sur le même pied l'envahisseur et l'envahi, et exprimer seulement des procédés plus corrects dans la forme, mais au fond la même négation du droit. Il importe que le mot appelé à désigner la réforme implique à la fois la désapprobation de la guerre illégitime et la nécessité morale de ramener la guerre au seul cas de sa légitimité, sans laisser dans ce cas même le choix illimité des moyens.

Le nom de *civilisation de la guerre* me semble donner satisfaction à toutes ces exigences.

Il ne me reste plus qu'à placer sous les yeux de l'Académie la codification en douze articles des principes que je propose en remplacement de ceux présentés par le gouvernement russe.

(*Voir ces douze articles pages 25 et 26*).

Orléans. — Imp. Ernest Colas.

ww.ingramcontent.com/pod-product-compliance
m Content Group UK Ltd.
Milton Keynes, MK11 3LW, UK
031180726
WH00004B/1739

9 782329 471952